DU JACOBINISME

DES

ANGLAIS,

SUR LES MERS.

DU JACOBINISME DES ANGLAIS SUR LES MERS,

ET

DES MOYENS D'EN TRIOMPHER,

Adressé aux Nations neutres,
Par un Neutre.

———

A PARIS,

IMPRIMERIE-LIBRAIRIE DU CERCLE-SOCIAL.

═══

AN VIII.

DU JACOBINISME

DES ANGLAIS,

SUR LES MERS,

ET DES MOYENS D'EN TRIOMPHER,

Adressé aux Nations neutres, par un Neutre.

———

La tyrannie, les insultes et l'injustice des Anglais sur les mers, dans toutes les parties du monde et contre toutes les Nations, sont enfin portées à un degré qui provoque l'indignation universelle. Mais il est encore possible de remédier à tant de maux : en voici les moyens.

La France est la seule Nation capable de balancer le pouvoir des anglais sur la mer : c'est parce que la marine françaisé est en grande partie détruite, et la balance du pouvoir maritime avec elle, que l'Angleterre ose commettre de si graves injustices. Toutes les nations commerçantes souffrent de la perte de la marine française.

L'Angleterre amuse l'Univers avec les dangers de ce qu'elle appelle *les prin-*

cipés jacobins, et cela dans un tems où rien de semblable à ces prétendus dangers, n'existe en France. Mais les principes jacobins de l'Angleterre sur l'Océan, augmentent chaque jour. Tous les jours *les droits du commerce* sont envahis, insultés et détruits.

Quand l'empereur Paul arriva au gouvernement de la Russie, il avoit devant lui un grand et glorieux objet : c'étoit la protection du commerce des neutres et la liberté universelle de l'Océan ; mais contre son caractère, naturellement porté aux vastes entreprises, il perd de vue ce grand dessein pour un petit objet. Il est entré dans une coalition avec l'Angleterre, dont la politique étoit de s'en servir pour son propre avantage, et d'en faire contre lui-même un instrument de ruine. Sa franchise et son *manque de soupçon* ont préparé le piège où il est tombé. Si la coalition eût réussi, et que la France eût été conquise, l'importance de la Russie, comme puissance maritime, eût été *absorbée* avec elle : sa marine alors ne lui auroit plus été d'aucun usage, et Paul auroit pû la donner entièrement au gou-

vernement anglais. Ce gouvernement auroit eu soin que la marine française ne
pût jamais revivre ; et c'est alors que
toutes les petites marines du Nord eussent
été comme des prisonniers gardés à vue.

Toutes les nations commerçantes de l'Europe et même du monde entier, sont maintenant intéressées à défendre la France contre
le jacobinisme des anglais sur l'Océan. Ce
n'est pas seulement leur intérêt, c'est encore
leur honneur outragé qui leur en fait une
loi. La France n'a pas besoin de secours
pour elle-même. Elle est en état de dé-
truire toutes les coalitions qui s'armeront
contr'elle, et aussi souvent qu'elles en vou-
dront de nouvelles preuves : mais il y a der-
rière la scène de ces combats, le grand objet
dont nous parlons, *les droits du commerce
et la liberté des mers :* ils sont tellement
attachés aux destinées de la France, qu'il
leur faut vivre ou tomber avec elle.

Si le gouvernement de France concluoit
un traité de paix avec l'Angleterre, sans
établir dans ce traité quelques principes
sur les droits du commerce et sur la pro-
chaine liberté des mers, les nations qui
souffrent maintenant, toujours inquiétées

dans leur commerce par la tyrannie anglaise , ne seroient que trop disposées à murmurer. Que toutes les Nations contribuent donc à leur défense commune , tandis qu'il en est tems encore , pour obtenir l'objet si nécessaire à leur intérêt particulier.

On doit considérer l'Angleterre sous un double point de vue. D'abord, comme une grande nation commerçante , et ensuite, comme une grande puissance maritime. Sa marine *dépend* de son commerce , mais son commerce *dépend* de la volonté ou du consentement des Nations , qui lui permettent de commercer avec elles. Ce consentement est à son tour en la puissance des Nations , qui peuvent l'accorder ou le refuser : l'Angleterre est donc en effet une Nation *dépendante* des autres Nations. La grandeur de la France est intérieure et inhérente à son existence ; celle de l'Angleterre est disséminée, et toute entière attachée à des choses extérieures qu'il n'est pas en sa puissance de diriger à son gré.

Si les Nations neutres de l'Europe , ensemble avec les Etats-Unis d'Amérique , entroient dans une association pour suspendre tout commerce avec toute Nation belligérente qui molesteroit quelque vaisseau appartenant à cette association, l'Angleterre à l'instant perdroit son commerce, ou consentiroit dès-lors à la liberté des mers.

Pendant la guerre d'Amérique , une neutralité armée fut formée dans le Nord, sous la protection de la Russie : les marines de France et d'Espagne étoient alors en pleine activité ; et cet heureux état des choses fit respecter la neutralité armée. Mais la balance du pouvoir maritime entre la France et l'Angleterre étant maintenant rompue , une neutralité armée ne feroit pas sur l'Angleterre une forte impression. Point de neutralité armée du Nord qui puisse inspirer des allarmes , si les flottes de France et d'Espagne ne balancent pas la marine anglaise , ne retiennent pas ses vaisseaux dans la Manche, ou dans quelque autre mer du Midi. La Prusse , par sa position , peut faire respecter son pavillon , et quoiqu'elle ne soit pas un grand pouvoir maritime , elle peut jeter un poids immense dans une neutralité armée : Georges sait bien que la Prusse peut s'emparer de l'Hanovre.

Mais dans l'état présent des affaires ; et même dans tous les tems , c'est une *neutralité désarmée* , (qui peut se faire tout de suite , et qui ne coûte ni sang , ni argent) , c'est une association commerciale dans le genre de celle dont nous venons de parler , qui peut seule commander le respect au gouvernement anglais. C'est par son commerce qu'elle est *vulnérable* ; c'est pour elle le talon d'Achille.

Le commerce des Nations septentrionales est de la plus grande importance pour l'Angleterre : elle peut à peine subsister sans ce commerce ; et les Nations du Nord peuvent aisément se passer d'elle : conséquemment , ces Nations ont dans leurs propres mains la puissance de faire la véritable loi des Nations , et de ne point permettre à l'Angleterre de leur dicter , pour loi universelle , sa volonté. La protection que le commerce peut se donner à soi-même par le moyen d'une association commerciale (sur - tout si Hambourg y est compris, ce que Hambourg ne peut refuser) , est au moins d'un poids égal à une neutralité armée ; mais les deux moyens réunis seroient dès ce moment capables de faire la loi, ou du moins de faire pâlir le despotisme de l'Angleterre, jusqu'à ce que la marine française soit assez forte pour rétablir la balance du pouvoir maritime ; et c'est alors qu'on peut former une loi générale des Nations, œuvre de bienfaisance et de génie, qui immortaliseroit la république française dans le monde commerçant.

Jusqu'ici les nations de l'Europe, et spécialement celles du Nord ont été abusées par l'Angleterre, avec tous ses grands cris de religion, de jacobinisme et autres clameurs, inventés par l'hypocrisie et des desseins secrets : mais il est nécessaire et il est tems que les nations regardent enfin cette guerre sous le vrai point de vue, en ce qui concerne l'Angleterre ; ce n'est rien autre chose de la part des tyrans des mers qu'une *guerre de monopole.*

La France, grande par elle-même, par ses entrailles, n'est point naturellement possédée de l'esprit de monopole : elle a un vaste champ d'amélioration et de prospérité intérieure, qui vient de s'ouvrir pour elle. Cela demandera bientôt tous ses soins, toute son attention ; elle en sera toute entière occupée. Le monopole ne peut jamais faire partie de sa politique. Ses intérêts à l'extérieur sont dans l'étendue des droits du commerce des nations, et nullement dans le besoin de les *monopoliser*. Elle a maintenant en sa puissance les plus grands moyens d'être utile au *monde commercial*, si ce monde commercial s'unissoit aux meilleurs desseins, chacun pour son intérêt particulier. Voici des faits et des espérances :

Le gouvernement anglais, en refusant avec insolence de ratifier le traité d'El-Arisch, a forcé l'armée française à rester en Egypte. Il n'est pas difficile de voir que la politique de l'Angleterre étoit d'y retenir l'armée française, afin de pouvoir y poser un pied *amical*, et se faire un prétexte de cette capture conditionnelle, pour s'établir en Egypte à la place de l'armée française, à la tête de la mer Rouge. Elle auroit alors occupé les deux passages aux Indes, à l'exclusion du reste des nations : c'est une conséquence évidente de son esprit de monopole.

Mais il en est arrivé autrement, et voici les plus grandes espérances de l'universelle prospérité du commerce des nations ; comme l'Angleterre a saisi le cap de Bonne-Espérance , il seroit de la meilleure politique de garder , du consentement de l'Égypte , la tête de la mer Rouge , et de permettre aux nations du Nord de commercer par ce canal avec les nations de l'Orient. La Hollande , en particulier , seroit, par cela seul, indemnisée de la perte du cap de Bonne-Espérance. C'est un des avantages que le monde commerçant peut retirer de la révolution française , et par les moyens de sa puissance ; tandis que de la part de l'Angleterre , elles ne peuvent attendre que monopole , oppression et insultes. L'Egypte gagneroit beaucoup à cet établissement ; et non-seulement il est de son intérêt d'y consentir , mais d'employer tous les moyens en son pouvoir pour concourir à le rendre stable. C'est l'Angleterre *seule* qui est intéressée à s'y opposer ; et quel que soit son intérêt , il est évidemment contraire à la prospérité des autres nations.

Il est tems que ces nations se réveillent de leur léthargie , et qu'elles ouvrent les yeux sur leurs intérêts véritables. Quant aux coalitions, il y a en elles quelque chose de vil , de lâche , de méprisable : elles commencent par l'intrigue et finissent par d'horribles disgraces. Les chétifs et petits états de l'Allemagne peuvent être achetés et vendus comme du bétail à la foire, et pour excuse ils peuvent alléguer leur *nulle-existence* ; mais la Russie doit avoir d'autres sentimens. Pierre le Grand eût méprisé les intrigues des coalitions : il auroit été frappé d'étonnement à la vue des efforts que la France a faits ; et au lieu de conspirer contre sa prospérité, il seroit demeuré inébranlable et dans l'admiration. Pourquoi Paul, qui semble vouloir l'imiter et le surpasser, n'a-t-il pas fait la même chose ?

Le majestueux spectacle d'une Nation qui combat invincible toutes les coalitions de l'Europe, a des droits aux respects du monde entier, ou du moins à son admiration ; et pour emprunter une métaphore d'une fable juive, la France est comme un buisson ardent, non-seulement *inconsumée*,

Il faut de nouveaux mots à de nouveaux prodiges

mais élevant sa tête haute, et en souriant,

au-dessus des flammes. Elle met au néant
les innombrables coalitions : c'est la foudre
qui a frappé. Combats et victoires sont sy-
nonymes pour la France républicaine.